ARTHUR DE GRAVILLON

En Revenant de Tunis

LETTRE

Adressée a M. PRADIER-FODÉRÉ

Conseiller à la Cour de Lyon

Auteur du *Traité de Droit international*

« Prends et lis »

PARIS

A. SAVINE, LIBRAIRE-EDITEUR

12, Rue des Pyramides, 12

1891

6812 — Lyon — Imp. du SALUT PUBLIC, rue de la République, 33.

EN REVENANT DE TUNIS

ARTHUR DE GRAVILLON

EN
REVENANT DE TUNIS

LETTRE

Adressée a M. PRADIER-FODÉRÉ

Conseiller à la Cour de Lyon

Auteur du *Traité de Droit international.*

« Prends et lis. »

PARIS

A. SAVINE, LIBRAIRE-ÉDITEUR

12, Rue des Pyramides, 12

1891

EN REVENANT DE TUNIS

A bord du *Transatlantique*,
5 Mai 1891.

Cher et Excellent Ami (1),

C'est vous qui m'avez décidé à m'embarquer pour Tunis, en me recommandant au Ministre-Résident, notre ancien Préfet du Rhône, M. Massicault, et en m'engageant à tenter là-bas, le buste de sa charmante femme. — Je reviens, après trois semaines de séjour, plus satisfait de mon

---

(1) Puisque vous ne voulez pas que je vous appelle *illustre*, comme vous l'êtes dans le monde entier, présent et futur, par-dessus la tête de vos comtemporains...

Vos belles et grandes œuvres de *droit international* n'en sont pas moins empilées, — piédestal qui attend sa statue... mais que l'homme vivant, aimable et modeste, reste encore durant de longues années au milieu de nous !

voyage que de mon œuvre... Et, puisque la mer est magnifique, et qu'en m'éveillant ce matin, en vue des côtes de Sardaigne (1), entre les deux énormes écueils — la *Vache* et le *Taureau* — qui paraissent en garder l'approche, j'ai devant moi toute une longue journée de navigation *huileusement* douce, je veux en profiter pour vous écrire, sur le navire même qui me ramène en France, mes impressions d'Afrique.

---

(1) Une idée me frappa tout à coup, lumineuse comme le reflet des flots: pourquoi l'Italie, qui a toujours dans sa *botte*, ou à son pied, — la *pierre* angulaire et anguleuse de *St-Pierre*, laquelle lui a déjà historiquement fait tant de mal, et peut finir un jour de marche forcée par la blesser dangereusement, — ne s'en débarasserait-elle pas au plus vite, en concédant l'île de Sardaigne au Pape, et en reprenant tout entière la libre jouissance de la Rome antique !

Il a fallu, malgré les paroles précises du Christ à ses apôtres : *Mon royaume n'est pas de ce monde, n'ayes point de trésor*, etc., que le Pontife soit sacré roi, — roi déchu — sans cesse réclamé et acclamé par ses fidèles... il a fallu que l'Eglise, pauvre à l'origine, ne songeât plus aujourd'hui qu'à augmenter les richesses qu'elle possède... *Sic fata voluerunt.* Eh! bien, en acceptant les faits accomplis, que l'on abandonne donc cette ile, au sol

Vous vous rappelez, mon cher ami, qu'à peine arrivé, je vous avais déjà conté ce trajet maritime de Marseille à Tunis, et ma contemplation tranquille durant les nuits passées au milieu des vagues phosphorescentes, sous le scintillement des cieux; le grand mât en droite ligne semblait pointer le zénith, filant des milliers de mondes à l'heure, et, de tous côtés, les étoiles glissaient, comme des perles, le long des cordages frémissants; je croyais voguer

---

fécond, aux mines précieuses, où l'indépendance et l'autorité du St-Siège pourraient être également absolues, pour sa plus grande gloire et son meilleur profit, comme pour la parfaite sécurité de l'Italie et la profonde paix de l'Europe.

N'y a-t-il point justement là un port qui s'appelle le *port St-Pierre*? Et le nom même de Sardaigne ne vient-il pas du mot grec: *Sandalctis* qui signifie *sandale* (forme de l'île), c'est-à-dire pantoufle... Tous ceux à qui le cœur en diraient, puisqu'on doit respecter tous les cultes, si singuliers qu'ils soient, n'auraient qu'à s'embarquer pour venir en Sardaigne, baiser le bout de la *mule* sacrée !

Cagliari, la capitale de ces nouveaux États, encore plus grands que ceux de Rome ou d'Avignon, serait finalement la véritable *ville des Papes.*

en plein firmament, et, mes pensées
ouvrant leurs ailes dans l'espace immense,
je vous voyais à la fois, si loin et si près de
moi, avec le regret comme dans le ravis-
sement de mon cœur... Rien de tel, en
effet, que ce milieu sublime pour élever
l'âme et la rendre plus sensible encore à
l'amitié et à l'amour. On y oublie toutes
les petites misères de la vie, en n'aperce-
vant de haut que ce qui est beau et bon
sur la terre, et sans plus même aucune
crainte des séparations de la mort, parce
que, à travers les ténèbres, on a la claire
vision de Dieu.

Parti de Marseille le mercredi soir,
8 avril, j'ai abordé le surlendemain matin
vendredi, à *la Goulette*. Là commencèrent
pour moi de nouvelles émotions, les unes
agréables, les autres irritantes, toutes très
curieuses à éprouver, et je vais tâcher de
vous les résumer, de vous les tamiser, le
plus brièvement posssible.

J'avais lu nombre d'ouvrages sur la Tunisie; nul ne m'a donné ce que j'y ai pris moi-même, et c'est cela seulement, mon cher conseiller, qui est de nature à vous intéresser.

Mais, je l'avoue, je m'attendais à toute autre chose qu'à l'aspect plat de ce pays désolé et détruit, dépouillé de ses bois, dévasté dans ses ruines... Mon premier coup-d'œil jeté sur la contrée, de la basse colline de Carthage aux monts dénudés qui lui font face, a été navrant... et certes, un revenant des anciens temps ne reconnaîtrait pas lui-même cette terre d'Afrique jadis si riche en végétation et en monuments, — forêts d'arbres et fûts de colonnes également renversés.

Et puis, quel misérable abord que la traversée ou le transbordement de bateau en barque, en passant par les barraquements de la douane sur ce lac empesté de la Goulette (1) jusqu'à l'omnibus cahotant qui

---

(1) J'ai préféré la *ligne droite* du lac à la *ligne courbe* du petit chemin de fer italien.

fait le service du rivage à la porte loin-
taine de Tunis, — la *porte de France*,
cependant, massive et crénelée, au devant
de laquelle s'étend le quartier neuf, nommé
la *Marine* parce qu'il mène au lac salé et
sale, comblé d'une bourbe archiséculaire et
que l'on n'aperçoit même pas de la prome-
nade, nouvellement plantée, mais que l'on
respire toujours... Là, sont les hôtels, les
médiocres cafés, les petits théâtres, une
mesquine église, et le palais inachevé de
la Résidence, sur lequel flotte joyeusement
notre drapeau... Le tout sans aucun carac-
tère que celui d'une colonie, prospérant
sans doute, grâce à l'intelligente et infati-
gable impulsion du ministre, qui hâte, en
ce moment, les travaux d'assainissement,
comme ceux de canalisation pour l'abordage
des navires au quai même de la ville, à
l'extrémité de la rue d'Espagne.

Mais, bien que pittoresque jusqu'au
fantastique, cette vieille ville des Vandales
n'offre aucun charme et aucune séduction;
au contraire elle choque et déplaît. Lors-

qu'on y pénètre, après la place minuscule
de la Bourse, par l'une des deux rues
étroites et tortueuses, dites rue de l'Eglise,
ou *Gankat-el Mordjani*, et rue Longue, ou
Gankat-el-Touilla, qui conduisent, la pre -
mière, à la grande Mosquée, et la seconde,
aux bazars des Arabes et des Juifs, et que
l'on s'égare ensuite dans les inextricables
et infectes ruelles des divers quartiers peu-
plés de tant de races différentes, on est
d'abord frappé de l'étrangeté des constructions et des costumes... mais en regardant
bien on ne voit que masures et malandrins,
— *misère et mort* — partout ! C'est vainement que la nouveauté des lieux, la variété
des gens, les murs et les portes, les terrasses et les types, les formes et les couleurs vous font tourner et comme danser
la tête... On a beau errer dans ces caves
voûtées ou plafonnées qu'on appelle les *souks*,
dans ces longues galeries de marchands
debout, assis ou couchés devant leur boutiques surexhaussées, en des poses et dans
des draperies parfois superbes ; on a beau

s'impressionner des étoffes chatoyantes ou du clinquant des bijoux, (articles de Paris, que l'on trouve des trois quarts moins chers au Louvre et au Bon Marché), ou perdre haleine parmi les couseurs de savates, tapis, et tapant contre leurs billots ; on a beau se croiser et se coudoyer, à chaque pas, avec des nègres, des Turcs, des Bédouins, des Grecs, des Maltais, des mulâtres ou des Maures, dont plusieurs ont conservé quelque trace de leur originelle majesté, sans compter les vieux juifs (1) et les

---

(1) Sauf ce mot, je me ferais un reproche et un remords d'attaquer les Juifs ou d'ameuter contre eux, comme l'a fait, si peu chrétiennement, et par pure entreprise littéraire, l'antisémitique M. Drumont. On voit, en ce moment même, à Corfou, en Russie, et ailleurs, les conséquences barbares de cette nouvelle croisade, aussi cruelle qu'injuste, — aussi folle que celles du Moyen-Age.

Certes, les juifs se sont souvent montrés (et à Tunis particulièrement) les plus avides au gain et les plus impitoyables envers leurs débiteurs. — Mais, est-ce une raison pour les vouloir dépouiller et anéantir ? A chacun de s'en défendre.

Après tout, ils sont excusables de ne chercher que la fortune : Songez qu'eux seuls, en ce monde, n'ont pas de patrie : leur terre c'est l'argent, et le billet de banque est leur drapeau.

vilains Arabes emmêlés comme dans une
immense salade aussi puante qu'épicée...
C'est vainement que l'on s'arrête et qu'on
admire le portail ogival d'une maison, ou la
tour carrée d'un minaret, la perspective
ensoleillée d'un quartier ou le profil d'un
Oriental, géant; — à la fin, comme au com-
mencement, la nausée vous prend et le
dégoût vous saisit. On est bientôt harassé de
sa course à travers cette cité mal bâtie, —
moins artistique que bizarre, — plus laide
qu'originale; et tous ces débris de peuples,

Mais, quelle homogénéité admirable et mystérieuse que
celle de ce peuple qui traverse les siècles et les foules —
comme un courant de mer — sans se confondre et se
perdre jamais ! Le Christ qui, selon la doctrine catholique, serait descendu du ciel rien que pour racheter une
âme, est venu jeter, fatalement, son éternelle malédic-
tion sur les innombrables descendants de ces bien-aimés
de son père... Eux, cependant, fidèles à leur originelle
et divine destinée, ils s'en vont, la *Sainte Bible* à la main,
portant toujours devant eux les *Tables de la Loi*, — ne
se laissant ni séduire, ni convaincre par les prétendus
prophètes et les nouveaux apôtres... et ils attendent
et ils espèrent dans le *Messie* promis. Est-ce là une faute ?
Ne serait-ce pas plutôt une vertu, — ou une illusion
sublime, — et qui oserait les condamner ?

tous ces restes humains grouillant et gro-
gnant, — les uns enveloppés dans des cou-
vertures, et les autres roulés dans des sacs
— ne nous inspirent plus qu'une profonde
pitié !

Avec cela que le climat, lui-même,
vous mal dispose... il ne doit ressembler
en rien à celui d'autrefois; les campagnes
ont été dévastées comme les villes, et
toutes les conditions d'existence sont chan-
gées. La température, terrible en été, est
à présent, comme partout, mauvaise en
hiver; je viens de l'éprouver, en plein
avril, aussi désagréable qu'on l'a ressentie
chez nous, exceptionnellement cette année,
avec des alternatives continuelles de froid
et de chaud, toujours accompagnée des
mêmes vents plus ou moins aigres... Le
vent! qui donc le souffle? — Voilà le grand
mystère, et surtout le *grand ennemi!* —
A Tunis, il n'est pas plus clément, qu'il
vienne du Nord ou du Midi, et rien n'en

garantit, du côté de la mer qui fait face au septentrion, ou du côté du désert, les vieilles forêts protectrices ayant été abattues... On en subit le joug plus qu'ailleurs, il vous terrasse et il vous tue. Enfin, le blanc de chaux cru des murailles, — diversement découpées sur le bleu implacable du ciel, — vous achève en vous tirant les yeux ; nulle part on ne rencontre plus d'aveugles qu'à Tunis ; les borgnes y sont rois, et il faut toujours porter sur son nez des verres fumés, comme aux éclipses de soleil...

Mais ce qui s'éclipse par trop et ce qui ne tarde pas à nous plonger, nous autres Français, flâneurs, dans une sombre tristesse, c'est l'*élément féminin* disparaissant et manquant presque absolument. Pire encore ! ne s'y montrant que pour inspirer l'horreur ou l'effroi...Les femmes et les filles sortent peu ou point, et celles que l'on trouve sur les places ou dans les rues, — excepté les

Européennes de la colonie, — ne sont guère que de deux sortes, juives ou arabes : celles-ci, funèbres; celles-là, monstrueuses. L'arabe avec sa face, serrée plutôt que voilée, d'un crêpe noir, à peine fendu à la hauteur des yeux, empaquetée de la tête au pied d'un blanc suaire, ressemble à une momie en rupture de cercueil ; elle ferait peur, chez nous, aux petits enfants ; là-bas, elles me forçaient de reculer ou de passer sur l'autre côté du trottoir. Quant aux juives, à visage découvert, et dont quelques-unes sont remarquables par leurs prunelles et leurs sourcils de jais, leurs coiffures ou leurs corsages tout battant d'or, ce ne sont, pour la plupart, que des masses informes de chair, des blocs de viande, des tonnes de graisses tremblantes et titubantes sur des jarres de saindoux... Et si ce n'était la rare rencontre de petites filles vraiment ravissantes, aux traits fins, à l'expression fière, — fleurs du ciel, — mais qui se flétrissent et se fanent, dit-on, bien avant la vingtième année, on pourrait douter du rayonnement de la béauté sous le soleil d'Afrique. Elle existe cependant, cachée dans les harems ou les sérails, dont l'accés est interdit à l'étranger, absolument comme célui des mosquées ; sanctuaires ou foyers, c'est tout un: On n'entre pas! La jalousie, —jalousie des fenêtres, comme des sens, — referme et renferme sous le boisseau, ce qu'il y a de plus charmant en ce monde : la lumière éternelle du cœur !

C'est pourquoi, au bout d'un certain temps de séjour à Tunis, cette foule, cette houle d'hommes bariolés, barbouillés et beuglant, et ces femmes affreuses ou fantomatiques,— en pensant surtout à ce qu'on ne peut ni voir ni toucher, — vous agacent à l'extrême... On frappe du pied la terre, ne pouvant frapper les portes du poing, et l'on demande... à s'en aller « bien loin d'ici... »

Encore, faudrait-il secouer la poussière et les poux que l'on prend au contact comme au bousculement de tant de galeux et loqueteux, avec leurs guenilles flottantes et

leurs vermines émigrantes... A Tunis, la ☾
malpropreté règne et l'infection gouverne.
En traversant même les Souks à parfums,
l'odorat est affecté par d'inanalysables
odeurs; des fritures de toutes sortes et des
immondices de tout genre font sentine et
sentinelles aux quatre coins des rues; le
jour, cela se mêle et passe... la nuit,
s'élève et s'étend partout une immobile
nuée de puanteur, et voila-t-il pas qu'à leur
tour, les *vases* de la Goulette se *vident* dans
l'air et, jusqu'aux sombres profondeurs du
sommeil, vous ressentez sur vous, je ne
sais quelle oppression et quel étouffement !

Sunt lacrymæ rerum, a dit Virgile;
Sunt m...æ rerum, siérait bien, comme
devise, sur la principale porte de Tunis :
voi chi entrate... n'oubliez pas votre mou-
choir! Malgré tout, l'état sanitaire y est
excellent, assure-t-on ; et, de fait, nos
bons vidangeurs ne s'en portent pas plus
mal.

Mais ce qui plonge bien davantage dans un abîme de mélancolie, celui qui observe et se souvient, — se souvient du temps des Romains, — ou même des Maures,— derniers sauveurs de la science et des arts après la chute de l'Empire Romain, — c'est la dégringolade de leurs descendants à tous, — et comme on voit que les Vandales ont passé par là !

Les vêtements et les demeures sont encore ta. lés sur les modèles antiques ; à leur coupe ou à leur plan, on reconnaît la *tunique* et l'*atrium* des maîtres primitifs de ce glorieux pays. Le *patio*, c'est l'*impluvium*, comme le *burnous* c'est la *toge*, — légèrement transformés. Et, de même qu'il n'y a presque pas une maison de Tunis qui ne s'appuie sur des colonnes enlevées aux temples et aux palais, — les chapiteaux ne se rapportant pas plus à leurs bases, que les frises à leurs entablements, ou les têtes aux statues, — dans les reconstructions composées de morceaux partout pillés, et que l'on retrouve ainsi de précieux fragments dans toutes les bornes, à tous les angles, sur tous les seuils ou dans toutes les cours ; de même pour les pièces du costume. — Par dessous, en dedans, sont les véritables et lamentables ruines, — ruines morales et intellectuelles, mille fois plus affligeantes que celles des édifices et des corps !

Eux aussi, sur le continent noir, — eux surtout, — ont fait comme nous autres blancs, la grande culbute du Capitole à la roche tarpéienne, — je veux dire de la civilisation d'autrefois à la décomposition actuelle, — de la sérénité au trouble, et en un mot, du Parthénon à l'étable...

Or, pas plus pour eux que pour nous, les divers régimes religieux n'ont réussi, — et quels que soient encore le fanatisme de leur foi et la fidélité de leur culte, il sont tombés, les uns sur les autres, malades et mourants, au milieu des décombres du passé !

Ils ont raison, pourtant, de nous regar-der comme des impies : si l'on compare les disciples de Mahomet à ceux du Christ, les premiers sont restés fermement attachés au *croissant*, tandis que les derniers vont à la débandade, ou à la dérive, loin de la *croix*... Nous les scandalisons, et ils nous traitent de *chiens* errants... Chez eux, en effet, pas un qui doute et pas un qui ne pratique, — sans avoir besoin d'être rappelés à l'ordre, assistés ou excités par leurs prêtres; — leurs *marabouts* (1), saints isolés, sont simplement des contemplateurs et des commentateurs du *Coran* : livre unique, dont les pages tournent toutes seules devant eux, comme les portes ouvertes de la vie présente et future !

---

(1) Coutume curieuse : on les enterre là où ils meurent: au milieu des champs, ou en travers des rues, — journellement vénérés. Quelquefois on leur élève des mosquées, comme celle de *Djama-Sidi-Mah'res*, un des principaux patrons de Tunis, et celle de *Koubba de Lella Mamouba*, la vestale chaste... et, par contre, comme celle du « Très haut et très puissant marabout « *Sidi-Felhalla*, — lequel se tenait d'habitude au bas d'un rocher lisse et fortement incliné, où les femmes stériles se laissaient glisser, une à une, jusqu'à lui...

Notre Evangile est incomparablement supérieur, — mais il aurait dû, lui aussi, être écrit par son héros lui-même, et régner et rayonner seul : L'Eglise a tout compliqué et tout enténébré, dès la rédaction incomplète ou erronée des ambitieux apôtres qui ont visé à conquérir le monde matériel et à s'emparer de son empire... De là, les schismes, les hérésies, les protestations et les protestants... et toutes les *guerres* dites *de religion*. Rien de semblable parmi les adeptes de Mahomet : ils ne sont et ne font qu'un, — et chacun les vaut tous.

L'opinion ou l'intérêt, le calcul ou l'hypocrisie, ne les entraînent ni ne les poussent; leurs passions mêmes ne les détournent point : ils sont religieux comme ils respirent; aussi inébranlables qu'inconvertissables : on les tuerait plutôt que de les faire changer de croyance, et il serait plus facile de blanchir la peau d'un nègre, en le frottant, que d'essayer de les catéchiser; demandez plutôt aux missionnaires qui y ont toujours perdu leur temps et leur latin.

Voltaire a judicieusement dit, en parlant de la foi catholique, qu'elle n'était qu'une *incrédulité soumise* — et si souvent désobéissante ou révoltée ! Il n'en va pas de même pour les Islamistes : tous croient en aveugles, yeux fermés et mains jointes. Tous, fatalistes, s'abîment sincèrement, profondément en Dieu et en Mahomet, son prophète...

Je considérais, l'autre jour, un pauvre *Meschino*, en prière sur sa terrasse et qui, tour à tour, étendait les bras du côté de La Mecque, et puis se prosternait pour embrasser la poussière... Cet exercice dura une grande heure sans souci d'être raillé, ou d'édifier les passants ; on l'aurait hêlé qu'il n'aurait pas même répondu d'un signe. Le maître ne peut rien obtenir de son serviteur lorsque celui-ci entre en oraison ; il doit attendre le dernier grain du rosaire et le dernier mouvement des lèvres pour se faire écouter.

Précisément je me suis trouvé à Tunis à l'époque sainte du *Ramadan*, — ou carême, — observé à ce point que, du lever au coucher du soleil, l'abstinence la plus complète étant de rigueur, nul n'y faillit, — pas même les plus coupables : un repris de justice vient d'en mourir, — martyr, — sur la paille de son cachot.

Eh! bien, ce Ramadan, — carême doublé de carnaval, jour de jeûne suivi d'une nuit d'orgie, — est la juste image de l'état moral de ce pauvre peuple à la fois dévot et dégradé... Cela prouve, jusqu'à la plus palpable évidence, qu'il ne suffit pas d'avoir un dogme et un culte, une foi fermée et un culte étroit pour être un Homme digne de ce nom, — si l'on ne porte, avant tout, en soi-même, sa conscience et son sentiment, — la conscience du bon et le sentiment du bien, — et, mieux encore, le sens divin avec lequel nous naissons (1), — celui de la Beauté, — qui est aussi la Vérité !

----

(1) *Ou du moins presque tous*, comme disait Bossuet: (Nous sommes tous mortels, Messieurs. — *Froncement des sourcils du roi-soleil*, — et il reprit : « Ou du moins presque tous ») car on est bien obligé de reconnaître, — malgré

C'est ce que les Anciens avaient au su-
prême degré, et c'est ce qui manque le
plus aux modernes, mal élevés et peu
élevés, — hors nature. — Les religions
n'y font rien : elles ne sont, le plus souvent, que les formes différentes de la spé-
culation fructueuse des princes et des prêtres sur les brouillards de l'infini et comme
leurs pêches miraculeuses en l'eau trouble
de l'Eternité ! Le poëte Horace a donc bien
pu dire, lui qui était aussi sage dans sa
vie que supérieur dans son esprit : *Nulla
religio mihi est,* et si tous lui avaient res-
semblé, le monde serait depuis longtemps
sauvé !

— Des religions délivrez-nous, Seigneur,
afin que nous puissions aller pacifiquement
et directement jusqu'à vous !

---

la théorie de Rousseau : « L'homme naît bon et la So-
ciété le rend méchant », — que beaucoup sont conçus
avec de mauvais instincts, et comme lancés sur la pente
fatale du mal... Ceux-là aussi sont *inconvertissables* , et
c'est à la justice des hommes de se garer, et de sévir,
— en attendant celle de Dieu !

Au fond de la grande nuit où nous vivons, entre les fleurs et les astres, y a-t-il un autre autel que celui d'Athènes : *au Dieu inconnu !*

Tout en promenant un soir, à travers la ville de Tunis, ces pensées-là, — qui sont aussi les vôtres, mon cher conseiller, — et en songeant que des millions de mahométans bien plus nombreux encore que nos chrétiens, — (le *Croissant* continuant, comme une faucille céleste, de faucher sa moisson d'hommes noirs, — esclaves par là même affranchis, — aux profondeurs de l'Afrique centrale), barbottent ainsi dans leurs marécages, et traînent ici-bas des babouches éculées, — et songeant que plus religieux que nous, ils ont encore moins abouti, — je me suis trouvé perdu dans une interminable ruelle, encombrée d'indigènes à n'y pouvoir circuler. — De chaque côté, il y avait une suite ininterrompue de boutiques vivement éclairées, derrière les rideaux de couleur qui en masquaient l'ouverture ; on y entendait des musiques et des chants,

des cris et des rires; et tous y entrant ou en
sortant sans cesse, j'entrevoyais çà et là,
des *aissaouas* jongleurs ou avaleurs de
sabres et de serpents, des nègres barbiers
rasant ou tondant leurs patients comme
s'ils allaient leur couper le cou, des dan-
seuses de ventre, aux squalides et ignobles
culottes de soie bouffante, des vendeurs
de café, de pastèques ou de graines de
courge, des confectionneurs de pâtes ou
de sucreries impossibles, ou des débitants
de saucisses de moutons à vous faire
rendre les entrailles... lorsque j'aperçus
au fond d'une chambrée pleine de grands
gaillards bistrés et de petites filles roses,
de papas poussifs et de grosses mères
allaitant leurs nourrissons, — il y avait
aussi des Anglais et des Allemands voya-
geurs, — une sorte de théâtre monté
comme notre Guignol Lyonnais: sur une
toile tendue et transparente on jouait les
ombres chinoises — et c'était là le fameux
Garagousse... Au bout d'une demi-heure,
je m'enfuis, affolé... je cours encore... et

sans même pouvoir vous décrire l'obscénité
de ce singulier spectacle qui mettait en joie
l'assistance, vieilles et vierges, barbous
et bébés...

Le lendemain, de plus en plus écœuré,
j'aurais certainement quitté Tunis, si je ne
m'étais souvenu de l'accueil que j'avais
reçu à la Résidence et de mon engagement
à un attachant travail. Avec mille peines,
car en ce pays là tout est difficile, — depuis
manger et dormir, — et les *choses* m'y ont
montré les dents, aussi hostiles que les
*chiens,*aboyant et mordant l'inconnu qui s'en
approche... Après mille et une peines pour
l'organisation d'un atelier dans une vieille
cuisine basse, faussement éclairée, j'ai dû,
prenant un véhicule, aller chercher quelques poignées de terre, au loin, en pleine
campagne, à la tuilerie du *Belvédère* ; cette
première course, *extra muros*, me sauva ;
ce fut un bain de nature, au milieu des
floraisons printanières de l'air frais, du
chant des oiseaux, de la douceur des nuages
et de la senteur des prés, — entre des haies

do cactus gigantesques (figuiers de Barbarie), comparables à des oreilles velues se haussant les unes par dessus les autres pour écouter ce que peuvent dire les passants... Je rencontrais en chemin, de petites caravanes de grands chameaux, grotesques sans doute, mais si graves et d'allure si distinguée... avec leurs conducteurs sauvages, bronzés comme s'ils venaient du désert; des chars rouges chargés de foin vert; des ânes gris montés, écrasés par des barbares à manteaux blancs; et puis aussi quelques belles Bédouines, la chevelure enroulée sous leur foulard, à la lourde cape de laine rayée, aux boucles d'oreilles et aux agrafes extravagantes, — véritables roues d'argent qui me transportèrent aussitôt à l'Extrême-Orient; je vis tout le long de la route des scènes bibliques, des Fuites en Egypte, des pèlerinages d'Emmaüs, des Rebecca aux fontaines, des Job sur leur fumier, des Noémie, des Rachel et des Lia sarclant, bluttant ou vannant, des Agar tenant par la main leur petit Ismaël, des Abraham et des Jacob à la barbe battant sur le nombril, et aussi des Tobies aveugles attendant le retour de leur fils accompagné de l'ange de lumière et du poisson guérisseur... des patriarches cheminant avec leurs familles procréatrices et poussant devant eux d'innombrables troupeaux... et, par dessous les vieux oliviers tortueux, épars sur les pentes ou dans les plaines, le chaume sombre des *Gourbis* d'où s'élevaient de légères fumées bleuâtres et d'où surgissaient de grands diables de toutes couleurs; enfin je revins, et je revis, à l'heure où " le croissant de la lune, accosté d'une étoile " monte sur l'horizon, la ville entière de Tunis, enfermée dans sa vaste enceinte qui a la forme d'un burnous dont le capuchon serait à *la Kasba*, — avec ses tours et ses dômes blanchâtres, se détachant sur un fond noir-bleu, et paraissant être le tas de cendres d'un foyer recouvert, d'où la pelle va faire surgir la flamme!... et j'y rentrai reconforté, — presque enthousiasmé !

Ainsi changent nos impressions, selon le rayon visuel qui nous frappe ou le souffle d'air qui nous caresse; on voit un jour d'une façon et d'une autre, le lendemain, le même lieu. Pour les pays comme pour les gens, tout dépend de notre disposition première et de la *réflexion* intérieure où leurs images se renversent dans l'onde limpide ou troublée de notre âme.

Me voilà donc subitement acclimaté à Tunis. Je ne tardai point à y être abordé par une douzaine de mes concitoyens: les Lyonnais abondent là-bas; ils y sont certainement en majorité parmi les autres colons Français. Tous s'empressèrent de me rendre, à qui mieux mieux, la vie facile et agréable. Je fis alors autant de plongeons en ville que d'envolées à la campagne; j'étais revenu moi-même, — poisson et oiseau; j'avais repris mes nageoires et mes ailes : Vive la Tunisie, puisqu'elle est encore, — ou déjà, — la France !

Je me réconciliais même avec les natifs ou naturels du *Protectorat* dont plusieurs me semblaient bien mériter de leur nouvelle patrie. Il n'y a qu'à cultiver ce peuple, jadis si fort, et cette terre si féconde, pour en tirer d'excellents produits. Travaillons-y — « c'est le fonds qui manque le moins ». Il n'y faut que des écoles et des fermes. L'habileté de notre ministre actuel est justement de mener tout à bien, à pas lents comme le laboureur, et de haute main comme le semeur.

Je ne saurais tout vous conter, mon cher ami. On ne se doute pas de ce qu'on peut voir et vivre en trois semaines ; il y aurait de quoi écrire trois volumes, et je ne puis aujourd'hui vous adresser qu'une lettre.

Contentez-vous de savoir que je suis allé, d'abord à *Carthage* par le chemin de fer italien, et ensuite à *Rhadès,* — *Maxula* des Romains, — par le chemin de fer français, — aux deux pôles opposés de la ville, — et concentrons successivement les deux courants de mes souvenirs sur ces deux points électriques.

Carthage! ce nom seul est un monde !
sympathique? — Non pas, — mais entraî-
nant, fascinant comme un gouffre — le
gouffre de ce qui n'est plus...

J'avais été recommandé par Madame
Massicault à un Général de division, premier interprète du Bey, qui a bien voulu
m'accompagner, un grand et beau matin,
à la station de *Malka* où nous attendait un
cocher tout argenté, à la livrée beylicale ;
et après avoir visité, à la *Marsa*, le palais
de campagne de la Résidence, une merveille
de goût et de confort, ouvrant ses galeries
et étendant ses terrasses de marbre en face
du golfe de *Kamart*, aux grandes dunes
sablonneuses, à l'autre versant du promon-
toire avancé de Carthage, nous revînmes
sur nos pas et nous pénétrâmes, sur la
pointe du pied, dans le palais de *Son
Altesse*, tandis qu'on y dormait encore en
lassitude du Ramadan de la veille et des
fêtes de la nuit.

« Tout reposait dans Ur et dans Jérimadeth. »

Vainement je cherchais à surprendre,
relevant les yeux vers les balcons bombés
des fenêtres hermétiquement closes, quelque éclair du sérail, et je me figurais entendre, au bas des portes, gardées (1) par
les eunuques, également couchés sur leurs
bancs, la respiration régulière et douce des
belles captives... Nous n'entrâmes librement après avoir traversé des cours peintes
en bleu ou en rouge, que dans les jardins
enchantés de cette étrange demeure... Nous
y saluâmes, en passant devant les volières
et les cages, les oiseaux et les fauves,
autruches et lionnes, seules réveillées, et
qui allongeaient le bec et écartelaient la
gueule en l'évident désir de nous déchique-
ter ou de nous dévorer, et, nous allâmes
nous asseoir aux plus secrets *Bueno-retiro,*

-----

(1) Quant aux abords du palais, ce sont nos soldats
français, pioupious ou turcos, qui montent la garde et
battent du tambour — tout comme c'est nous, contri-
buables, qui payons au Bey une pension annuelle de
1,200,000 francs, égale au traitement du Président de la
République.

des pavillons et des kiosques, meublés de pendules et de porcelaines, — sous globe, — à l'instar de nos loges de concierges... mais je n'osais, ici, déranger les *portières*...

Le Général Valensi que je remercie encore, après mon dernier adieu, me quitta pour reprendre son service quotitien, en laissant carrosse et cocher à ma disposition; j'en profitai pour me faire conduire, à la pointe du cap, au phare du village montueux de *Sidi-Ben-Saïd*, — longtemps interdit aux Européens, et d'où l'on domine la mer et les ruines de Carthage... Et c'était tellement beau, et si profondément triste, que mes larmes coulèrent, — goutte d'eau de cet autre Océan dont la vague parfois bat nos tempes et mouille nos yeux !

J'eus, alors, comme la vision de ce jour où, après la grande défaite de *Zama*, le peuple entier, accouru sur les remparts, hurlait désespéré, pendant que sa flotte de 500 navires brûlait en pleine mer, par ordre des Romains !...

Je redescendis de ces hauteurs par un chemin, tantôt creusé dans des monceaux de décombres, revêtus de houx, d'arbousiers ou de lentisques, tantôt serpentant à travers des champs recouverts d'asphodeles et d'eucalyptus, de *Lilacées* et de *Myrtacées* de toutes espèces, — là même où s'entre-croisaient, dans le faubourg de *Megara*, les anciennes rues de cette immense cité dont il reste à peine quelques traces de murailles, quelques vestiges de quais, d'aqueducs, de sépultures ou de citernes... Au sommet du plateau central de *Byrsa*, autrefois triplement circonscrit, et où devait se dresser le temple du Soleil, avec sa statue et ses lames d'or pur, est une pauvre petite chapelle, à l'endroit même, dit-on, où mourut St-Louis, au retour de sa folle croisade, terminée par son injuste agression contre Tunis. Des moines blancs ont remplacé les prêtres de Baal, et l'un deux, le père Delattre, antiquaire distingué, bien que particulièrement attaché aux maigres trouvailles chrétiennes, me fit les honneurs

de son musée, riche en mosaïques, en lampes (1) et en tombeaux, — tombeaux Puniques récemment découverts bien au-dessous du sol de Carthage, — et datant de
l'époque où Didon, princesse de Tyr, fille
de Balus, sœur de Pygmalion, aborda dans
le golfe, avec sa galère en bois de cèdre du
Liban, et y bâtit une ville, près de mille ans
avant notre ère... En haut étaient les tombes, sur lesquelles monta, plus tard, en
s'agrandissant, la cité Phénicienne.

Tout autour du jardin du couvent, défoncé
par les premières fouilles et où se dessinent
derrière une grande statue décapitée, aux
draperies flottantes, les trois absides d'un
temple encombré de débris, colonnes renversées, chapitaux empilés, futs ou frontons retournés, j'ai inspecté, — *collés aux
murs,* — d'innombrables fragments de
marbre, les uns grossièrement frustes,

---

(1) Lampes et urnes ; on pourrait connaître et comparer les peuples anciens rien qu'à l'examen des lampes
et des urnes : lampes de la vie, urnes de la mort !

les autres finement ciselés, attestant tous
la puissance et la splendeur de la cité
disparue... Mais en ressortant au dehors
de ce *campo-santo,* — plus rien, — plus rien
que le gazon court de la colline et de la
côte... Ah ! jamais vœu n'a été plus terri-
blement réalisé que celui du vieux Caton
qui ne cessait de répéter comme conclusion
de tous ses discours au Sénat romain :
Delenda est Carthago ! Le comble pour
un barbier serait de raser, comme on a
rasé Carthage sans y laisser un poil —
ou une colonne. On en a cependant déterré
une superbe, devant moi, de marbre gris,
cannelée et couchée sur la plinthe d'un
soubassement innommé, — tout proche de la
cathédrale que le cardinal' de Lavigerie
vient de faire hâtivement construire sur le
modèle d'une mosquée ; et qu'en dire ?
Ces'nouvelles pierres-là sont froides ; elles
n'ont ni élan, ni foi, ni amour ; elles ne
témoignent que de l'orgueil sacerdotal
surexcitant la vanité des donateurs dont les
titres et qualités sont soigneusement gra-
vés et dorés tout au long des piliers.

J'ai longtemps erré sur cette montagne de ruines que la verdure drape comme d'un linceul, et où le vent siffle comme le serpent fuyant dans un cimetière. — Mais, à quoi bon rêver si ce n'est pour pleurer ? aucune langue humaine ne saurait exprimer ce qu'on ressent alors, et les grandes pensées restent muettes comme les grandes douleurs.

Me reposant un instant avant de reprendre le sentier des citernes, dont les voûtes éventrées servent aujourd'hui d'abri à des troupes de mendiants et à des troupeaux de moutons, — je me suis soudain souvenu de Châteaubriand, appelant de toute la force de sa voix : *Léonidas !* sur les ruines de Sparte... et je soupirais tout bas ce grand nom : *Annibal !*.. lorsque, me retournant, frissonnant, je crus voir l'ombre de *Marius* « assise toute pensive à mes côtés »... Ce n'était qu'une chèvre broutant la broussaille en fleurs.

Voulez-vous, à présent, mon cher conseiller, que nous revenions ensemble par la Goulette, traversant rapidement Tunis, et nous transportant du couchant au levant, vers les fertiles campagnes, arrosées par la *Miliana* et dominées par la double cîme du *Bou-Kornein* (double corne) qui rappelle le Vésuve, et, plus loin, sur la même ligne d'horizon, par le *Monte del Plombino* (montagne de plomb) qui semble une grosse bosse métallique sur le dos de Vulcain... C'est la partie du pays que j'ai le mieux explorée ; mais, encore une fois, je ne puis vous tout décrire. *Les Guides* renseignent d'ailleurs exactement sur les ruines antiques qui dorment de tous côtés dans la brume, aux pieds de ces monts ; comme aussi sur les autres ruines, — récentes et voisines, — le *Bardo*, *Hamman-Lif* ou la *Mahommédia*.

C'est assez de vous mentionner, à propos de ces dernières, la singulière coutume des héritiers du Bey, comme des riches Arabes, qui est d'abandonner, le lendemain de la mort du maître, sa demeure et ses dépendances, et jusqu'au groupe d'habitations de ceux qui vivaient de sa fortune autour de lui, — pour aller reconstruire ailleurs de nouveaux palais et de nouvelles bourgades.

Le Bardo, prodigieux entassement de bâtisses fortifiées, mais croulant de tous côtés, — et dont la France essaye en ce moment de restaurer la partie la plus riche, celle qui touche à son musée, — mérite par la même, une particulière attention. Ce musée archéologique et lapidaire est établi dans les salles mêmes de l'ex-sérail, encore ornées d'arabesques et de dorures, et dont la disposition se prête à merveille à un étalage artistique, sous les arcades et dans les alcôves... L'on y voit, à nu, quelques beaux torses de marbre, là où, il n'y a pas vingt ans, palpitaient des poitrines de chair, — assurément moins bien conservées... Un bon point au gardien, dont je regrette d'avoir oublié le nom et qui, après ma longue visite et ses intéressantes explications, s'est obstinément refusé à recevoir aucune rétribution : il est vrai qu'il couche dans l'appartement même de l'ex-favorite et il doit s'y nourrir de ses songes.

A cent pas du Bardo, on ne manque pas de se faire ouvrir, au fond d'un jardin débordant de roses et d'oranges, le palais de *Ksar-Saïd*, qu'habitait le précédent Bey, *Mohammed-es-Sadok*, et où fut signé le traité du 12 mai 1881 qui donna le protectorat de la Tunisie à la France. On y a l'éblouissement de chambres-églises et de lits-chapelles d'une hauteur et d'une longueur à faire... s'étirer et bâiller ; et, dans tous les angles, se hissent de grandes horloges qui ont dû sonner, comme des cloches, bien des *messes* musulmanes.

A propos de cloches, mon cher conseiller, permettez-moi une petite digression nécessaire à la suite de mon récit : vous savez qu'en quittant Lyon, après Pâques,

j'avais lancé et relancé, — retour de Rome,
— *Les Cloches d'Ecully*, — en oubliant
même d'en emporter avec moi quelques
exemplaires. Par suite d'un article de cri-
tique, — mais des plus courtois, — paru
dans le journal l'*Express* qui est très lu à
Tunis, on me demanda ma brochure, et je
m'adressai au maître libraire de la ville,
M. Brun, qui télégraphia à Paris, sans
rien pouvoir obtenir de l'éditeur *Savine* :
avis aux auteurs, et à bon éditeur, salut!
Je n'en fus pas moins, à cette occasion,
mis en rapport et relation avec un charmant homme, toulousain, et gai comme un
Tartarin de Tarascon. A son tour, il me
présenta à un de ses intimes amis, colon
français, *M. Gilliard*, gérant associé, et
cultivateur hors pair de la grande pro-
priété Mallet, Brolemann et Bontoux, —
station de *Mégrine*, la première après
Tunis.

Le surlendemain, dès l'aube, à l'heure
où les cailles commencent leurs cris qui
semblent des frappements de cailloux,

M. Gilliard vint nous enlever avec un de ses ardents chevaux anglo-arabes, pour aller dans les montagnes, visiter les très curieuses et peu connues ruines d'*Oudna,* — *Uthina* des Romains — et de là, s'il était possible, jusqu'à celles de *Zaghouan,* au bas du *Ras-el-Kasa,* à la source de ces belles eaux jaillissantes de la crypte même du Temple d'*Astarté,* — *le Nympheum* — d'où cent-vingt kilomètres d'aqueducs les portaient, autrefois, à grandes enjambées, aux citernes de Carthage.

Malheureusement, celles du ciel commencèrent à ouvrir leurs écluses, et nous n'étions pas à une demi-lieue de la ville que le feu, lui aussi, nous arrêta; le feu du fort de *Sidi-bel-Hassen* qui ouvrait, ce même matin, son tir à boulets rouges... Nous fûmes contraints de rester blottis, durant trois mortelles heures, entre un pan de muraille et un cavalier d'artillerie nous barrant le chemin... Oh guigne, voilà de tes farces ! Ce double contre-temps fit échouer nos projets. Le feu cessant, la pluie ralentissant,

nous avançâmes cependant en vue d'Oudna
dont les circuits et les cirques se distin-
guaient vaguement aux flancs de la montagne où cette ville était adossée; mais un
orage éclata, des fondrières nous barraient
le passage, et force fut de nous réfugier
chez un cantonnier, à deux pas des vieux
aqueducs dont la perspective se développe
et se replie en une longue ligne fuyante
vers *Zaghouan*... Ecroulement et entassement sur tout le parcours, et comme l'abat-
tage d'une file d'éléphants, pattes en l'air;
grand nombre, pourtant, à intervalles iné-
gaux, restent encore debout, et si fière-
ment campés !

Il était écrit que dans toute guerre
contre Carthage, la première destruction
devait être celle de ces arches lointaines
qui alimentaient la ville. Mais quels efforts
de renversement n'a-t-il pas fallu pour
faire de telles trouées dans cette immense
chaîne de pierres énormes! A diverses
reprises il est visible que ces aqueducs
ont été relevés ; plusieurs piles sont de

constructions différentes, inférieures — ciment ou moellons, — ouvrages des Sarrasins ou des Espagnols. Ce n'est qu'en remontant vers Zaghouan, au-delà de la rivière-torrent de l'*Oued-Miliana*, que franchissait, à trente mètres d'altitude, l'arcade des eaux, tandis que maintenant un petit pont et un petit canal traversent timidement côte à côte, l'encombrement du gué... ce n'est qu'en remontant sur l'autre rive que l'on se trouve en face de l'œuvre cyclopéenne des Carthaginois, et l'on est tenté de tomber à genoux au milieu des grandes herbes qui embrassent et étreignent les bases du colosse ! Les Romains, eux-mêmes, n'ont rien bâti de pareil; leurs briquetages et mosaïquages, si caractéristiques qu'ils soient, ne sauraient être comparés à cet entassement de blocs, simplement superposés, et à cette formidable chaussée triomphale — où les chars de la foudre et ceux des siècles auraient pu passer couramment jusqu'à la fin du monde sans ébranler une seule des pierres, qu'ont

arrachées, en s'y cassant les ongles, tous
les nains de la dévastation !

O le délicieux et pétillant déjeuner qui
nous remonta le cœur chez le cantonnier de
Zaghouan ! nous étions trois à table, en
attaquant l'omelette que nous avait fait sau-
ter sa femme, au milieu des poulets et des
poussins picorant librement entre nos jambes dans l'unique pièce qui servait de cuisine
et de salle à manger, — et nous avions
déjà déballé notre panier rempli d'excel-
lentes provisions faites par les bons soins
de la mère de M. Brun, — lorsque nous
entendîmes des claquements de fouet et
vîmes, sur la grande route, par la porte
restée ouverte, une grosse guimbarde
s'arrêter : il en descendit... un notaire
escorté d'un ingénieur, — tous deux en
tournée d'acquisition de domaines. Vous
savez, mon cher conseiller, combien j'ai été
payé cher pour me méfier des notaires...
et puis cela jette toujours un froid, même

sur un déjeuner chaud, que l'apparition inattendue d'un tabellion, — ou d'un huissier ; mais celui-ci, venu de Grenoble, m'était connu de Lyon, comme un homme d'affaires et de plaisir, également honnêtes ; et nous l'invitâmes avec son adjudant, à partager, à cinq, nos vivres et nos rires : non, jamais, depuis les festins antiques on ne vit et on ne fit pareille ripaille, par la pluie, en ce site désert et désolé !

J'arrive enfin, mon cher ami, au point principal de mes diverses excursions — au bout qui en aurait pu être le but, — en retournant le soir de ce même jour à Mégrine, dans la belle colonie de M. Gilliard, où nous soupâmes chez notre hôte, impatiemment attendu par sa jeune et jolie femme.

Le soleil qui s'était décidé à paraître au moment même de disparaître, — ce charmant soleil mouillé qui semble avoir la larme à l'œil, tout en essayant de sourire

avant de s'évanouir, s'abaissait alors
lentement vers la mer, toute rosée par de
longues bandes de *flamands* ; il glissait
derrière la colline assombrie de Carthage
dans un ciel crépusculaire, à feuilles dorées
sur tranches, strié de violet, comme un
lutrin, ou un missel qui se ferme... le
missel du jour fini, le lutrin de la vesprée !
et mon regard allait, émerveillé, des flots
bleus aux champs verts et des vallonne-
ments voisins aux lointains sommets ;
vagues et vignes, ondulations des barques
ou des blés, — je ne savais à quoi m'arrêter et quoi plus admirer, de la beauté
de la nature ou du génie de l'homme
qui savait la dompter, en tirer et en
multiplier les fruits ! Avec un légitime
orgueil, M. Gilliard me montrait ses
récoltes prochaines, — 100.000 sur pied,
— et il tremblait aussi à la pensée qu'en
un-clin d'œil, toutes ces richesses pourraient être anéanties... une dépêche de
Soussa venait de lui signaler la marche
en avant des sauterelles, — cette *plaie*

d'Afrique, dont la crainte perpétuelle trouble le sommeil des colons ; ils peuvent redouter de voir, chaque matin, leurs nuées terribles obscurcir le jour, s'abattre sur la terre, en couches épaisses que rien ne conjure, et que les trains eux-mêmes écrasent sur les rails, forcés de ralentir dans une affreuse puantueur... Sur les sillons, hélas ! rien ne reste, ni tiges, ni racines, après que les dévorantes ailées se relèvent pour porter ailleurs leur fléau !

Puissent ces *filles du Mal* épargner, du moins, le rivage où j'ai laissé de si braves gens et de si bons amis, ou fasse le vent que, si elles y arrivent, elles se précipitent, dans leur élan, jusqu'à la mer !

Mais, cette terreur seule suffirait, il me semble, pour glacer le zèle et l'espoir des travailleurs, suspendre les courages, faire tomber les bras et arrêter tous les sacri-fices... *Soyez plutôt pasteurs* : Les trou-peaux ne périssent jamais tout entiers et ils trouvent toujours à paître, en descen-dant la vallée ou en remontant de la plaine à la montagne.

Quant à moi, sans cesse obsédé par les souvenirs de l'antique, et comme attiré par l'aimant secret des ruines, en ce pays d'historique et artistique mémoire, je ne sais ce que je ressentais précisément à Megrine, bien que l'on n'y ait encore fait aucune découverte, — comme à la station suivante de *Rhadès*, — où l'on ne peut donner un coup de pioche sans entamer une mosaïque ou casser le nez d'une statue.

Emu comme un chercheur de sources dont la baguette de coudrier se tord et tourne entre ses doigts, — après avoir parcouru, en tous sens, les monticules, ou plutôt les falaises mamelonnées de ces rives, après avoir sondé les citernes, contourné les talus, observé la coupe des terrains et la courbe des vals, après être surtout descendu, avec M. Gilliard, dans les cavernes profondes, — cavernes *d'Ali-Baba ou des quarante voleurs*, servant, il n'y a pas encore longtemps, à des ravisseurs de troupeaux, — cavernes creusées

avec leurs piliers de soutènement, dans
le roc même sur lequel est assise la maison
du nouveau propriétaire, et dont il a fait
ses caves, — l'intuition me vint que ce
pouvait, que ce devait être là un ancien
campement : lequel ? — Celui-ci même de
l'armée des Mercenaires, — révoltés contre
Carthage, après la première guerre punique et la paix honteuse des îles d'Egates...
Ils se trouvaient, en ce lieu choisi, assez
éloignés pour ne redouter aucune surprise
et assez proches pour traiter journellement
avec les messagers de la grande cité com-
merçante, dont ils apercevaient et surveil-
laient, — juste en face du port, — les
entrées et les sorties...

Tout le monde sait combien les Carthaginois craintifs eurent de mal à se débar-
rasser de ces troupes, jusque là victorieu-
ses, et rendues plus exigeantes par l'humi-
liation de Carthage; elles étaient composées
d'aventuriers de toutes nations, principale-
ment de Numides, d'Africains, de Ligures,
de Baléares, d'Espagnols, de Grecs, de

Gaulois et même d'Italiens. Avec leur mauvaise *foi punique* les riches marchands Carthaginois essayèrent d'abord de les tromper; ils en firent périr beaucoup par trahison, les renvoyant, comblés de présents, pour les livrer à leurs ennemis les Romains, les noyer en mer, ou les échouer sur un banc de sable, dont leurs ossements blanchirent longtemps les côtes. Mais la masse — 70.000 au moins — restait là, près de Tunis et prête à marcher sur la ville de Baal dont le luxe et la luxure les retenaient fascinés... Ils réclamaient plus encore que les arrérages de leur solde et, à chaque concession, leur insolence et leurs prétentions ne faisaient qu'augmenter. *Hannon* qu'on leur dépêcha d'abord, leur dit humblement que la République ne pouvait tenir parole, écrasée d'impôts et rançonnée qu'elle était ; il les supplia de patienter ; en attendant, on leur envoyait des vêtements et des vivres ; mais ils devinrent de plus en plus menaçants. « C'est alors qu'on leur députa *Gescon*, un de leurs généraux de Sicile, retraité à Carthage, aimé d'eux et qui avait toujours pris leurs intérêts à cœur. Il arrive à Tunis (A MÉGRINE !)escorté de sept cents soldats bien munis d'argent,les harangue séparément et se dispose à leur payer leur solde par nation.Cette satisfaction incomplète eût peut-être tout apaisé,lorsqu'un certain *Spendius* campanien, esclave fugitif de Rome, et craignant d'être rendu à son maître, se mit à dire et à faire tout ce qu'il put pour empê-cher l'accommodement.Un africain nommé *Mathos* se joignit à lui ; celui-ci tire à part les Africains qui étaient en majorité, et leur donne à entendre qu'une fois les autres nations payées et licenciées, les Carthaginois éclateront contre eux et les puniront de manière à épouvanter leurs compatriotes. Là dessus s'élèvent des cris, si quelqu'un veut parler ils l'accablent de pierres avant de savoir s'il parlera pour ou contre. C'était encore pire après le repas, et quand ils avaient bu ; au milieu de tant de langues, il n'y avait qu'un mot qu'ils entendissent : *frappe!* et dès que quelqu'un avait dit : *frappe,* cela se faisait si vite qu'il n'y avait pas moyen d'échapper (1). »

Bref, un homme se leva, *Autarite,* qui avait l'avantage de parler phénicien et de se faire comprendre ainsi du plus grand nombre ; il les encouragea à la résistance et à la rebellion; d'autres essayèrent de conseiller l'accord : on les lapida, et aussitôt « Gescon et tous les siens furent menés hors du camp, on leur coupa les mains et les oreilles, on leur cassa les jambes et on les jetta, encore vivants, dans une fosse. »

Vainement le grand *Hamilcar Barca,* le père d'Annibal (2), — resté à Carthage — où il avait abandonné d'indignation le commandement au misérable représentant du parti marchand et financier, Hannon (lequel

---

(1) *Histoire Romaine* de Michelet.

(2) Et de *l'idéale* SALAMBO, dans le poème fantaisiste et fantastique de Gustave Flaubert. La simple histoire de Carthage est encore bien plus dramatique!

venait, après son échec au milieu de mercenaires, d'être mis en croix par ses propres troupes, dans l'île de Sardaigne); vainement Hamilcar, reprenant le pouvoir, envoya demander au moins les cadavres ; les barbares répondirent que tel serait le sort de tous les prisonniers Carthaginois. Alors commencèrent d'affreuses représailles...

Hamilcar, ayant reçu des renforts de Syracuse, et même de Rome, sortit à la tête de ses fidèles Numides, parvint à forcer les rangs des mercenaires, les chassa, les accula et les écrasa contre la montagne, au *défilé de la Hache;* 40,000 succombèrent; à une seconde bataille, les trente mille restant furent égorgés, sans qu'il en échappât un seul, sauf Mathos amené à Carthage pour y être le jouet de la vile populace... extermination inouïe qui terrifia l'Occident et l'Orient et fit donner à cette guerre le nom d'*inexpiable* (258 av. J.-C.).

Or, sur les bords mêmes de la mer, auprès du camp, j'ai remarqué un grand

cône de terre, — isolé, — et saillant brus-
quement sur l'abaissement de la plage : ne
serait-ce pas un *Tumulus* ? il n'a peut-
être jamais été sondé; — et qui l'ouvrira
pour savoir s'il ne cache en ses flancs les
os de Gescon et de ses sept cents compa-
gnons, vengés, et honorés là, par Hamilcar
vainqueur ! (1).

Aujourd'hui Carthage elle-même n'existe
plus et l'on cherche ses traces et l'on se
dispute sur ses ruines... *Les Scipion* l'ont
renversée, et les Vandales de toutes sortes
l'ont pillée, dépouillée même de ses pierres
funèbres... Mais, à vrai dire, c'était une
ville infâme, — encore plus que *Sodome* et
Gomorrhe. — une ville de cupides agio-
teurs et de cruels sacrificateurs... Quand
on pense que ce peuple de sangsues pom-
pait l'or et le sang de l'univers ; passe

---

(1) A l'éminent inspecteur des antiquités et des arts,
M. Eugène Sadoux, d'y avoir l'œil et d'y tenir la main !

encore pour l'or, mais le sang, le sang des victimes, hommes, femmes, enfants, enfournées sans pitié dans le ventre d'airain rougi de ses faux dieux (1)... Sur de telles cendres, n'est-ce pas assez, — ô Caton ! — que l'écume des flots jette à jamais son sel amer !

Maintenant, à nous deux, mon cher conseiller : en terminant cette lettre déjà trop longue, je vous vois sourire, comme pour m'interrompre sur un sujet plus badin; vous semblez me dire: — N'avez-vous donc rien autre à me conter ? n'avez-vous pas, à Tunis ou aux environs (car il

---

(1). Cette idée de sacrifice en expiation nécessaire a été de tout temps, — n'en déplaise à M. de Maistre et à d'autres,.. l'aberration et la désolation de l'esprit humain. La supposition d'une faute originelle est aussi coupable, elle-même, qu'absurde. Le Mal est en principe — *in principio* — comme le Bien ; il ne s'agit pas de se sacrifier, — de s'immoler et de s'anéantir, — mais de *travailler* et *de lutter*, comme le *Dieu bon*, — tout le premier, — pour le triomphe final de la vie !

ne m'a pas été possible de pousser plus loin
mon exploration, tenu que j'étais à la terre
d'un buste inachevé), comment n'avez-
vous pas, en votre quête et inquiétude
perpétuelle d'artiste, fait d'aventure une
féminine rencontre? — Non, je vous le
répète, hors les gracieuses personnes du
monde qui ont bien voulu me permettre de
les saluer, je n'ai lié aucun nœud ou dé-
noué aucune ceinture. Tunis n'est point la
ville des conquêtes galantes, la vie y est
morne et la rue monotone, même dans le
bouillonnement de son courant, et l'on
n'est nullement tenté d'y *pêcher*...; à peine
si l'on entrevoit, dans l'onde tumultueuse
et fangeuse, quelque tête ou quelque taille
qui méritent qu'on se retourne et qu'on les
suive... et, à part les petites filles bril-
lantes de beauté, dont je vous ai parlé; —
ou d'élégantes négresses aux fines chevilles
et aux bras gras, cerclés d'or, onduleuses
sous leurs vêtements collants, et portant
haut, à la façon antique, des poteries his-
toriées, sur la paume relevée de la main

gauche, — la droite brisée sur la hanche,
— ou encore des Maltaises fugitives,
rabattant bien vite, sur leurs jolis profils,
cette grande capeline cartonnée en forme
de *loge de souffleur* qui les dérobe au seul
tiré d'un cordon, — je n'ai guère vu, et
aimé avec passion, que... des chameaux ;
— j'entends de ces véritables chameaux
qui, jadis, alignés avec les éléphants, —
transportaient sur leur bosse ou sur leur
dos, les colonnes et les urnes précieuses
des palais et des temples.... A présent,
ils portent des paniers à salades, des
cruches d'huile ou des sacs de charbon, au
marché de la ville... à leur suite viennent
les ânes, surchargés de fagots ou de bran-
chages larges comme la route où ils passent
en éraflant les murs, et sous lesquels ils
disparaissent entièrement, rappelant la
forêt qui marche de Shakespeare, ne
montrant plus que leurs museaux mélan-
coliques, à l'œil larmoyant, aux oreilles
chagrines, et un pauvre bout de queue
incessamment tirée ou frappée... aux cris

rauques de *Bar'ah, Bar'ah!* Les chevaux et les chèvres, les chiens et les chats m'ont paru également sympathiques ou intéressants, — ainsi que partout, — et, à coup sûr, ces races d'animaux, restés depuis l'aurore de la création dans la grande voie de la nature, n'ont point dégénéré de leur type comme la lamentable espèce humaine... et, pour en revenir à elle, — est-ce que nous ne nous consolons pas toujours des hommes, — et n'oublions-nous pas quelquefois les femmes, — avec les belles et bonnes bêtes !

Cependant, je veux vous confesser à l'oreille, mon cher conseiller-directeur, un petit péché véniel dont vous me donnerez certainement l'absolution.

C'était juste la veille au soir de mon départ, — et grand Dieu ! quelles soirées on passe, on traîne, à Tunis, hors d'un théâtre public ou d'une invitation privée ; quel poids et quel plomb d'ennui quand la nuit tombe, et comme on y aspire, plus encore qu'ailleurs, à la solitude entortillée de son lit !

Mais, pour cette dernière veillée ,je fus
convié à souper avec un jeune et joyeux
commissionnaire Lyonnais, logeant simplement en garni, — quoique de bourse
bien garnie. . . . A table, avec nous, vint
s'asseoir, suivant l'habitude, sa propriétaire, une veuve fort appétissante, ma foi !
et qui nous avait préparé un vrai régal de
bon goût et d'exceptionnelle propreté. Puis,
après un quart d'heure d'attente, apparut
son autre locataire, une actrice italienne,
brune de cheveux, comme la nuit, blanche
de peau, comme le jour ; bras nus, gorge
entrouverte et taille étranglée, dans un
charmant déshabillé de dentelles flottantes ;
elle s'assit entre nous, — le potage fumant,
d'abord timide, elle s'anima peu-à-peu, parla
de son art, qu'elle adorait, de ses tournées,
de ses succès, de ses relations avec les
auteurs en renom ; et, à ce propos, elle se
leva, — nous étions au dessert, — courut
chercher dans son armoire à glace des
billets autographes d'Alexandre Dumas et
d'Emile Zola, — dernier nom, que dans
sa langue chantante, elle prononçait *Z Z ola*,

avec deux *ZZ* qui l'idéalisaient et avaient l'air de deux ailes..., puis, comme à mon tour je tirais quelques fusées, jeux d'esprit, boutades de sentiment, et que je parus la comprendre en mauvais italien, et l'applaudir en bon français, voilà-t-il pas que subitement, elle se redresse, en s'écriant combien elle était heureuse d'une conversation artistique et littéraire sentie, — et me jette ses bras autour du cou . . . je n'eus que le temps... de penser à J.-J. Rousseau lorsqu'il fut subitement abordé par la *Julietta* de Venise dont il dit : « elle colla sa bouche sur la mienne » — et c'est là, mon cher conseiller, tout à la fois le baiser et le mot de la fin !

Pendant ce temps, durant ce jour passé à vous écrire, le navire a filé à toute vapeur et l'ombre de l'immensité est descendue sur le pont ; le salon s'éclaire électriquement, on va mettre le couvert des passagers ; nous avons à bord des Anglais et des Français musiciens : vous ne vous doutez pas de l'effet du piano, le soir en pleine mer !

Demain, dimanche, je me réveillerai dans ma cabine, au chant du coq, — car il y a un coq qui chantait ce matin du côté de la cuisine, le malheureux, à tue-tête, comme un brave gaulois qu'il est, — et qui chantera peut-être encore demain, s'il ne nous est, tout à l'heure servi... je me réveillerai toujours en vue du port de Marseille, cette magnifique façade de la France, — et je ne penserai plus, après avoir quitté l'Afrique, ses ruines désolées et son violent climat, qu'au vif plaisir de vous retrouver, mon cher ami, dans les murs de notre belle ville de Lyon qui, elle aussi, a été romaine, mais qui est refaite libérale et prospère, par cette grande République de la Patrie à laquelle nous devons tous jusqu'à la dernière goutte de notre encre et de notre sang !

De cœur tout à vous,

Arthur de GRAVILLON.

6312 — Lyon — Imp. du SALUT PUBLIC, rue de la République, 33

9 782019 204655